AF224023

Félix et Amédée LEPELETIER,

AU CONSEIL DES CINQ-CENTS,

OU

MÉMOIRE

Sur l'Affaire de S. LEPELETIER, première Fille Adoptive du Peuple Français.

DIVISION DU MÉMOIRE.

Aux Représentans.

Pétition au Directoire.

Premier Mémoire à la Commission nommée par le Conseil des cinq-cents.

Second Mémoire à la même Commission.

Troisième Mémoire à la même Commission.

Examen et réfutation du rapport du citoyen Chazal, et rétablissement des faits.

Nota. C'est sur-tout dans les Mémoires présentés à la Commission, que se trouve traitée plus en détail la question de *l'adoption publique.* Ayant été obligés de les replacer sous les yeux du Conseil, nous nous sommes attachés sur-tout au fait particulier, dans l'examen du rapport du Citoyen Chazal.

AU CONSEIL

DES CINQ CENTS.

Citoyens Représentans,

Il est pénible d'avoir à prononcer publiquement son opinion dans une affaire, où
l'intrigue a travesti le sentiment de l'intérêt
moral, en intérêt sordide. Cependant notre
frère mourant nous fit promettre de le remplacer auprès de sa fille. Vous avez à fixer
l'opinion sur des questions d'où dépend le
bonheur de cette même fille; nous devons

A

donc vous éclairer sur les faits qui ont mo-
tivé notre conduite dans cette affaire. Nous
le devons au Peuple Français, père adoptif
de la citoyenne Lepeletier , à la mémoire
de notre frère.

Ce n'est pas , il faut l'avouer, sans un
sentiment douloureux, que nous avons vu
les faits dénaturés dans le rapport que le
représentant Chazal vous a fait au nom
de la Commission chargée de l'examen du
message que le Directoire exécutif vous
avait envoyé sur cette affaire. Nous essaie-
rons de combattre quelques - unes de ses
réflexions sur *l'adoption publique*; nous
rétablirons ensuite les faits dans leur pu-
reté ; avant tout , nous croyons devoir
vous faire connaître la pétition que nous
avions présentée au Directoire , ainsi que
les deux Mémoires que nous avions adres-
sés à votre Commission.

Paris le　　　　l'an V de la République.

AMÉDÉE LEPELETIER

Aux Citoyens composant le Directoire exécutif de la République française.

CITOYENS DIRECTEURS,

LA fille mineure de Michel Lepeletier, par l'effet du décret d'accusation porté contre Félix Lepeletier, son oncle paternel et son tuteur, s'adressa le　an V, au conseil de ses parens pour obtenir son émancipation, la loi privant son tuteur, comme contumace, de l'exercice de ses droits de citoyen. Le conseil, légalement assemblé, obtempéra à l'émancipation, avec la condition desirée par la mineure, de garder auprès d'elle la citoyenne Halm, épouse du citoyen Halm, ancien commandant de Bataillon de l'armée révolutionnaire, qui était chargée de son éducation. Cette femme, placée par le tuteur près de sa pupille, et qui, jusqu'à cette époque, n'avait attiré sur elle aucun sujet de plainte, se voyant une grande influence sur sa jeune élève, et une grande indépendance par le fait de l'émancipation, conçut alors le projet de la marier à son gré ; et tout porte à croire, puisqu'elle a foulé aux pieds toutes les bienséances, qu'elle a été mue dans ce projet par des vues d'intérêt sordide. Elle commença à faire fréquenter long-temps ensemble, et dans la maison de sa propre sœur, la jeune Suzanne Lepeletier, et le jeune de Witt, hollandais, (ainsi se nomme le particulier sur lequel elle avait jetté ses vues). Il tient à une famille très-riche de la Hollande, et son père a momentanément rempli les fonctions d'employé près les cantons Helvétiques. La famille, et notamment le grand-père, ayant été instruits de ces fréquentations qui portaient le caractère d'une intrigue clandestine et scandaleuse, s'adressèrent à la citoyenne Halm, pour lui enjoindre de ne plus laisser fréquenter leur parente par le jeune homme; et à celle-ci, pour lui dire tout ce qu'ils pensaient sur l'inconvenance de sa conduite, motivée sur le peu de décence d'une telle liaison, sur-tout vu le jeune âge de la mineure, à peine âgée de quinze ans.

A cette époque, la femme Halm avait déjà aliéné en secret la jeune personne de toute sa famille, et façonnant le cœur de sa pupille sur la fausseté du sien, elle profita de tout son empire pour lui apprendre à dissimuler. Elle promit donc, et fit promettre par la mineure que toutes liaisons et communications seraient cessées avec le jeune de Witt. Ce fut alors que la femme Halm, loin de tenir une parole que ses fonctions et la haute confiance que lui avait donnée la famille, eussent dû rendre sacrée pour elle, acheva d'égarer le cœur de la jeune Lepeletier. Elle fit voir les jeunes gens plus souvent que jamais, leur fit passer leur vie ensemble depuis le matin jusqu'au soir, soit dans une maison de campagne qu'elle fit louer à Chaillot à sa pupille, pour l'enlever à la surveillance des vieux serviteurs de son père, qui la gênaient par leurs regards dans son domicile ordinaire, soit dans les spectacles ou fêtes publiques. Elle ne lui permit plus de voir aucun parent qu'un seul homme méprisé même dans l'ancien régime, et qui s'est laissé séduire par l'astucieuse femme Halm. La femme Halm rassembla, au contraire, dans la maison de la citoyenne Lepeletier, toute sa famille à elle Halm, des créatures aussi dont elle fait un cercle qui abonde sans cesse dans son sens et ses projets, et entr'autres un nommé Mutelé, adjudant-général destitué par le Directoire, pour avoir mis, dit-on, des filles en réquisition pour ses plaisirs dans les pays allemands conquis. La maison de Chaillot fut fermée à toute la famille : une grille, une double porte, un portier nouvellement introduit dans la maison par la femme Halm, et son agent dévoué, un guichet par lequel on parle, tout donne à cette maison le véritable aspect de ce qu'elle est, un réceptacle où le crime et l'astuce dérobent et aliènent à toute une famille un jeune cœur faible, et dont l'innocence n'entrevoit pas l'inconvenance, le danger d'une telle conduite, et le crime de celle qui l'y entraîne.

Il y a environ quatre décades, la jeune Lepeletier alla chez son grand-père lui signifier qu'elle voulait épouser le jeune de Witt; et sur le refus de consentement de son grand-père, le fit citer le 21 prairial, an V, devant la huitième municipalité pour, aux termes de la loi du 7 septembre 1793, délibérer ainsi que trois autres parens, sur ce mariage. A la même époque, Felix Lepeletier, son tuteur, ayant été acquité à Vendôme, se présenta pour la voir, espérant ramener soit sa nièce à ses devoirs, soit la femme Halm dans les bornes de la probité et de la décence. La porte lui fut aussi fermée, et la femme Halm entraîna son élève chez le ministre de la police, pour lui faire faire, dit-on, une déposition portant que son oncle avait voulu forcer son domicile. Quelques jours après, des enfans d'une maison voisine ayant lancé dans le jardin de la mineure Lepeletier des flèches, la femme Halm lui persuada que les flèches étaient empoisonnées et lancées par son oncle pour la tuer ou le jeune de Witt. La femme Halm s'est vantée même d'avoir fait, encore avec son élève, une déposition sur cela et dans ce sens au ministre de la police. La maison de la citoyenne Lepeletier est composée d'anciens serviteurs attachés à son père et à sa mémoire, qui sont indignés de tout ce qui s'est passé sous leurs yeux, et qui pourront attester la vérité de tous ces faits, et que même ce n'est qu'après de mauvais traitemens, et par un despotisme soutenu, que la femme Halm est arrivée au point de puissance et de domination qu'elle a maintenant sur la jeune Lepeletier.

Les quatre parens réunis aux termes de la citation, le 21 prairial, déclarèrent devant les officiers publics, ne point pouvoir délibérer sur la demande de la mineure Lepeletier, par respect pour le Corps législatif, qui, dans le moment, s'occupait de la loi extraordinaire du 7 septembre 1793, rendue pour un fait particulier, le rapport ayant déjà été présenté, et chaque jour devant amener une discussion dont l'effet semblait ne point devoir être douteux contre la trop grande latitude laissée par cette loi aux mineurs de contracter des unions dans un âge peu réfléchi.

Les grandes occupations du Corps législatif ayant empêché jusqu'à ce jour la discussion attendue, la mineure Lepeletier ayant persisté dans ses citations, l'époque du 22 messidor étant celle où le mois de délai accordé par la loi ramenait les parens vis-à-vis de la municipalité, pour y donner leur dernier avis ; les parens, soit paternels, soit maternels, ont présenté un mémoire au ministre de l'intérieur, pour le prier d'enjoindre à la huitième municipalité de suspendre toute résolution ultérieure jusqu'après la discussion du Corps législatif sur la loi du 7 septembre 1793. Le ministre a obtempéré à leur pétition, et la municipalité ayant reçu l'avis du ministre de suspendre, s'y est conformé.

Les choses sont en cet état. Mais les parens de la mineure qui avaient signé la pétition accueillie par le ministre de l'intérieur s'étant consultés, ont chargé le soussigné, vu l'éloignement des uns, la maladie d'un autre, et l'urgence de la chose, de présenter au nom de tous cette pétition instructive des faits, au Directoire de la république française, pour lui rappeler que la fille de Michel Lepeletier étant adoptée par le Peuple Français, et lui Directoire ayant, par les fonctions augustes où il est placé par la loi constitutionnelle de l'état, la surveillance paternelle et immédiate sur les enfans adoptifs de la patrie, il peut dans sa sagesse, prendre, malgré l'émancipation de la mineure, telle mesure qui l'enleverait à la séduction à laquelle elle est en proie, vu que si la fortune de la mineure la met au-dessus des secours honorables de la nation, le Directoire peut avoir néanmoins une influence morale, et la plus précieuse de toutes, sur cette intéressante orpheline,

En conséquence, ils espérént que le Directoire exécutif, prenant en grande considération toutes ces choses, voudra bien arracher leur jeune parente des mains de la femme qui a indignement et outrageusement abusé de la confiance qu'ils lui avaient donnée, empêcher la fille de Michel Lepeletier de s'égarer au point d'oublier ce qu'elle doit à sa patrie, en donnant sa main à un étranger, et qui pourrait même la transporter, elle et sa fortune, dans un autre pays; ils espèrent que le Directoire pourra l'empêcher de faire cette action décisive de sa vie, dans un âge où le raisonnement est faible, et où il l'est d'autant plus chez elle, qu'il y a été falsifié par une femme intrigante, qui ne peut avoir eu pour base d'une telle conduite qu'un intérêt cupide.

Premier Mémoire communiqué à la Commission.

CITOYENS REPRÉSENTANS,

L'affaire qui vous est soumise n'est point de celles sur lesquelles la loi ait déjà prononcé.

L'adoption, quoique décrétée en principe, n'a pas encore de formes légales; la loi n'a point déterminé quels droits le père adoptif avait sur ses enfans acquis.

Si l'on considère la chose en elle-même, il ne semble pas pouvoir être mis en doute que ses droits ne soient les mêmes que ceux du père naturel.

Dans le cas particulier qui vous est soumis, vous avez à prononcer comme pères et comme législateurs. En effet, la citoyenne Lepeletier ayant été adoptée par la Convention au nom de la nation qu'elle représentait, le Corps législatif est le représentant, le fondé de pouvoir du père adoptif, si je puis m'exprimer ainsi.

Je ne vous rappellerai point les droits de la citoyenne Lepeletier à cette adoption; vous sentez certainement combien la fille du premier martyr de la liberté doit être chère aux amis de la république, au peuple dont son père soutint les droits pendant sa vie avec ce courage auquel les esclaves des tyrans ne purent opposer que le poignard et le lâche assassinat.

Immédiatement après son adoption, il semble que la Convention eût dû nommer un tuteur à la citoyenne Lepeletier; cependant elle ne détermina rien sur ce point. La famille naturelle s'assembla, et ne trouvant aucune loi sur ce cas particulier, elle suivit les lois ordinaires, et nomma tuteur, d'un commun accord, le citoyen Felix Lepeletier, oncle paternel de la mineure, lequel s'appliqua à lui donner une éducation républicaine. Quant aux revenus, la manutention en fut confiée à un homme d'affaires nommé par la famille, en même temps que le tuteur.

Par suite de la contumace dans l'affaire de Vendôme, Felix ayant perdu ses droits de citoyen, la mineure Lepeletier, se trouvant sans tuteur, convoqua sa famille qui l'émancipa. Elle avait auprès d'elle, comme gouvernante, la citoyenne Halm. Cette femme, ne se voyant plus de supérieur, conçut le dessein de s'emparer totalement de son élève, et par suite, de la marier à son gré. Pour y réussir, elle commença par la séquestrer entièrement de sa famille; elle cacha ses vues aux curateurs, obtint d'eux qu'on louerait à Chaillot une maison de campagne pour passer la belle saison. Dès qu'elle y fut, l'entrée en fut fermée à tous les parens de la mineure. Envain même les curateurs l'engagèrent-ils par écrit à venir les voir : elle répondit négativement, et ne vint point.

Ce qui engageait les parens de la citoyenne Lepeletier à lui demander un entretien, était le refus de l'entrée de sa maison fait à quelques-uns d'entre eux, et la mauvaise conduite que sa gouvernante lui faisait tenir au vû et au sû des serviteurs de son père qui étaient dans sa maison, et qui attesteront les faits.

En effet, il nous revenait à tous que l'on emmenait tous les jours la citoyenne Lepeletier dans une maison tierce où logeait la sœur de la citoyenne Halm, et où se trouvait le jeune de Witt, hollandais : ensuite, nous sûmes qu'il venait tous les soirs à Chaillot où l'on était alors.

Dès que la mineure Lepeletier fut à Chaillot, la maison fut *comblée* de parens de la gouvernante et d'étrangers, tous nourris, habillés, chauffés à ses dépens. En même temps, les anciens serviteurs du père furent successivement chassés sous les prétextes les plus frivoles. Il est à remarquer que tous ces hommes sont des républicains prononcés, et attachés comme tels, ainsi que par la reconnaissance, à la citoyenne Lepeletier. Deux seuls restent encore dans la maison ; les autres ont été remplacés par des hollandais du choix de M. *de Witt.*

Il est si certain que c'est déjà lui qui chasse et qui remplace, que la femme-de-chambre qui vient de l'être en dernier lieu, en a reçu l'aveu, et de la mineure et de la gouvernante. En outre, bien loin que la partie de ses revenus, aban-

(13)

donnée à la mineure pour la dépense de sa maison , suffise (elle est de 4,000 livres par mois ,
48,000 livres par an), la plupart des fournisseurs
ne sont pas payés ; aucun des domestiques ne
l'est ; aucun rentier ne l'est.

Certainement, ces faits bien attestés, et qui,
je le répète , peuvent l'être également à la commission, suffisaient, avec leur exclusion , pour
inspirer aux parens une inquiétude fondée sur
la conduite que l'on faisait tenir à leur jeune
parente. Ils eussent même renvoyé d'auprès
d'elle la gouvernante, si la loi leur en eût donné
le pouvoir.

A cette époque, la citoyenne Lepeletier forma
devant la municipalité du   arrondissement
une demande de mariage avec le fils *de de Witt.*
D'après la loi du 7 septembre , elle convoqua sa
famille pour lui demander son consentement.
Le consentement fut refusé ; plusieurs motifs dé-
terminèrent ce refus. D'abord il paraissait constant que ce mariage n'était pas le résultat d'une
inclination de leur parente , mais bien des
sourdes intrigues de la gouvernante. De plus, la
loi du 7 septembre n'est applicable qu'aux éman-
cipés sans père ni mère. La citoyenne Lepeletier,
adoptée par la nation , n'était point dans ce cas ,
ayant réellement un père adoptif.

Mais la famille n'étant pas tombée d'accord

des mesures à prendre pour soustraire leur parente aux intrigues de la gouvernante, une
partie d'entre eux chercha à faire rapporter la
loi du 7 septembre, et obtint que le ministre
de l'intérieur mît opposition à ce que la municipalité passât outre au mariage. Moi Amédée
Lepeletier , oncle paternel de la mineure , je
présentai en mon nom et d'accord avec les autres
parens, quoique suivant une autre marche , une
pétition au Directoire. Il est à-propos de vous
remarquer que si Felix Lepeletier , mon frère,
ne l'a point signée, c'est qu'on voulait voir des
vues particulières dans sa conduite. L'impartia-
lité de nos demandes vous fera juger si ce reproche était fondé. La pétition sus-citée se trouve
parmi les pièces.

Je dois encore aujourd'hui à la vérité de dire
que les mêmes intrigues continuent. La maison
est encore remplie d'étrangers , et la mineure
Lepeletier inabordable pour ses parens.

J'offre de nouveau à la commission les preuves,
par temoins , de tous les faits avancés.

Mais cela fait, il me reste, ce me semble ,
plusieurs questions de droit à traiter.

1°. Une mineure émancipée , mais adoptée ,
a-t-elle besoin du consentement de son père
adoptif pour contracter mariage ? L'affirmative
paraît constante, puisqu'en semblable cas, elle

eût eu besoin du consentement de son père naturel, s'il n'eût été ni interdit ni absent.

2°. Par quelle autorité les droits de paternité
seront-ils exercés en faveur des enfans adoptifs
de la nation ? L'attribution n'est prévue par aucune loi.

3°. Convient-il que la fille du premier martyr
de la liberté française épouse un étranger ?

4°. Il resterait encore à examiner la moralité
de cet étranger. Je doute que le résultat fût en
faveur du jeune de Witt. Sa conduite tortueuse
en est une preuve. J'en citerai d'autres de vive
voix.

5°. Pour accorder le mariage, il faut savoir
s'il est le fruit de l'inclination de la mineure.
Il est certain, au contraire, qu'il est le fruit des
intrigues de la gouvernante et de MM. de Witt.
La fortune de la citoyenne Lepeletier paraît
être l'objet de leurs spéculations En effet,
si MM. de Witt n'avaient pas senti combien le
motif de leur conduite était bas, quelle raison
avaient-ils de mener leur intrigue clandestine-
ment, de choisir une tierce maison pour les entre-
vues, de ne point rechercher publiquement la
main de la citoyenne Lepeletier ? Il faut ajouter
qu'avant cette intrigue, MM. de Witt venaient
publiquement chez la mineure, son père ayant
connu le père de Witt. Ne pouvant ignorer, en

outre, que l'adoption lui donnait un père, ils auraient dû la demander aux représentans de ce père.

Telle eût été la conduite d'hommes francs et loyaux. Leur conduite opposée ne peut faire soupçonner que la bassesse.

Mais comme il est certain que l'inclination est la seule formalité qui doit décider un mariage, il est d'un père sage de vérifier, avant de donner son consentement, si réellement l'inclination est réciproque. Or, quel moyen de le faire tant que la mineure sera tenue en charte privée par sa gouvernante ? J'appelle charte privée, une maison où elle est retenue par une volonté autre que la sienne, loin de sa famille qui pourrait l'éclairer sur les intrigues qui l'entourent. Le seul moyen de savoir le véritable vœu de la citoyenne Lepeletier est de la retirer des mains de cette femme perfide qui la subjugue. Cela est d'autant plus nécessaire, que les revenus ne peuvent plus suffire aux dépenses de la gouvernante et de ses parens, dont elle a rempli la maison de son élève ; et il est bon de vous remarquer que ces personnes n'y ont aucune fonction.

Quel est celui d'entre vous, citoyens représentans, qui, se trouvant père d'une mineure prête à consommer un acte comme celui du mariage,

riage, d'où dépend le bonheur de la vie, ne voulut, avant d'accorder la permission exigée par la loi, être sûr de ne pas consommer le malheur de sa fille ? Celui-là serait certainement un bon père, qui s'assurerait de l'inclination des deux parties avant de les unir. Eh bien ! citoyens représentans, vous êtes pères de la citoyenne Lepeletier ; c'est à vous que le peuple français a remis ses droits, en vous nommant ses représentans. Prononcez sur le sort de votre fille, et délivrez-la du tyran qui l'obsède.

Second Mémoire à la Commission.

Citoyens représentans,

J'avais, dans les premières observations soumises par moi à votre examen, supposé ce qui me paraît être actuellement mis en question ; c'est que les droits et les devoirs du père adoptif doivent être les mêmes que ceux du père naturel. Peu de réflexions peuvent éclaircir suffisamment cette question. L'enfant est soustrait, par l'adoption, à la surveillante tendresse de ses parens naturels. La loi, en autorisant l'adoption, n'a point eu pour but de détériorer son sort et moral et physique. Donc les droits et les devoirs réciproques, dans l'adoption légale, doivent

B

être les mêmes que ceux du père dans l'ordre
naturel.

Restent quelques objections particulières à
l'espèce soumise.

La première est, que la partie de la famille
qui réclame aujourd'hui les effets de l'adoption,
semble cependant l'avoir mise en oubli au
moment où elle nomma un tuteur à la mineure
Lepeletier ; et par suite, dans celui où elle l'é-
mancipa.

Je réponds que, les faits supposés vrais, l'a-
doption n'en subsiste pas moins dans son entier,
puisque, dans ce cas, il serait ridicule de pen-
ser que la citoyenne Lepeletier dût être privée
de l'avantage de cette adoption par la négligence
de sa famille. Il est également constant que cet
oubli fut partagé par la Convention elle-même,
qui n'avait nullement besoin de la provocation
des parens naturels de la citoyenne Lepeletier
pour statuer sur cet objet.

Deuxième objection. Celui-là seul est père, qui
en a rempli les devoirs, c'est-à-dire, qui a édu-
qué, ou veillé à l'éducation de son enfant, et
a pourvu à ses besoins. La mineure Lepeletier n'a
point été élevée aux dépens de son père adoptif ;
il n'a ni dirigé ni surveillé son éducation.

J'ajoute à ma précédente réponse qu'en supposant, en ce moment, la citoyenne Lepele-

tier privée de sa fortune, elle ne réclamerait certainement point en vain la générosité de son père adoptif, et que celui-ci serait mal fondé à lui refuser les secours nécessaires à sa subsistance. La question se réduit à ceci : Un père adoptif a-t-il droit, après avoir négligé son enfant acquis, de ne point remplir les devoirs de la paternité quand il en est requis ? L'affirmative est trop immorale pour pouvoir être consacrée par l'exemple des représentans du peuple Français, père adoptif de la mineure Lepeletier.

Que suit-il de ceci ? que les représentans du peuple Français ont eu un tort réel de ne point remplir envers leur enfant acquis les devoirs de paternité. Je sens en outre, et tout père sentira avec moi, que celui-là serait souverainement et généralement blâmé, qui s'autoriserait de sa négligence passée pour justifier son abandon total des devoirs de la paternité, après en avoir acquis les droits par l'adoption.

Si la famille a nommé un tuteur à la mineure Lepeletier, elle n'a fait que suppléer à l'abandon où l'avait laissée son père adoptif, et en cela elle a suivi l'impulsion d'un sentiment bien naturel. Ses actes peuvent être et sont nécessairement nuls, mais ils ne sauraient être blâmés. La conséquence est que l'acte de tutelle et d'émancipation doivent être cassés.

Il serait fort difficile d'expliquer ce que l'on entend par une *adoption* purement *honorifique*. Veut-on dire un vain titre qui n'entraînerait ni droits, ni devoirs réciproques ? Je ne trouve dans l'histoire des républiques aucun exemple d'une semblable adoption. De plus, la citoyenne Lepeletier a eté adoptée dans les mêmes formes et les mêmes termes que les autres enfans adoptifs du peuple Français, pour qui l'adoption n'a pas été purement *honorifique*; et je le répète encore, il est ridicule et immoral de dire que l'abandon total puisse, en aucun cas, justifier l'oubli passé des devoirs.

Il résulte des raisonnemens précédens que si la citoyenne Lepeletier, dans ses observations, a paru ne regarder son adoption que comme purement *honorifique* , elle a un moment oublié ses devoirs, en supposant qu'elle en soit *immédiatement l'auteur*. Dans ce cas, et dans le contraire, je ne puis voir qu'une preuve nouvelle de l'immoralité des personnes qui l'entourent.

Que prétend-on en effet empêcher, en faisant envisager l'adoption comme *purement honorifique* ? On veut écarter la surveillance morale du père adoptif, qui leverait le voile de l'intrigue. Quel autre motif pourrait-on avoir ? aucun ne peut se présenter à l'idée.

Reste à examiner si un peuple peut devenir

père adoptif dans le sens strict ; c'est-à-dire, avec les mêmes droits et les mêmes devoirs qu'un simple particulier.

Je ne crains pas, citoyens représentans, d'affirmer qu'au moins la surveillance morale doit existen en ce cas , et qu'elle est un droit du père et de l'enfant adoptifs. S'il est vrai de dire que tout bon père fait tout ses efforts pour rendre ses enfans dignes de lui, et qu'il ne le peut que par l'exercice de la surveillance , ne serait - il pas infiniment ridicule que le peuple Français ne fît rien pour que le nom de sa fille adoptive ne soit point porté par un être indigne de lui ? et comment le pourrait-il , s'il n'avait aucune surveillance morale sur son enfant acquis ? Ainsi donc elle est un droit incontestable du père.

Je dis plus : elle est également un droit de l'enfant adoptif. Pour le prouver, je remonte à la cause de l'adoption nationale. Le peuple Français n'a , jusqu'à ce jour, adopté que des enfans dont les pères étaient morts en défendant ses droits. Ainsi les enfans du courageux *Basseville* le furent ; ainsi le fut la citoyenne Lepeletier ; ainsi le furent plusieurs autres. Ecoutez ces enfans vous adresser leurs tendres plaintes : « nos » pères, vous diront-ils, ont perdu , en défendant » vos droits, cette vie dont une partie, selon le » vœu de la nature , devait être et eut été em-

» ployée à surveiller notre éducation , à nous
» rendre dignes d'être citoyens et membres d'une
» nation libre. Les dangers de la patrie en ont
» décidé autrement ; ils se devaient à vous avant
» de se devoir à nous , ils ont volé au poste
» d'honneur , à celui du danger ; ils y ont suc-
» combé glorieusement. Rendez-nous capables
» de ne point traîner ignominieusement des
» noms justement célèbres ; que les descendans
» de Brutus ne deviennent point par votre faute
» les complices des Tarquins. C'est, pour vous,
» le moyen de faire produire à la terre de la
» liberté les héros, qui seuls peuvent lui servir
» de remparts contre les attaques des despotes
» qui oppriment le reste de la terre. Nous aban-
» donnerez-vous indifféremment à nos parens,
» ennemis souvent des principes de liberté et
» d'égalité qu'ont sanctionné de leur propre sang
» les glorieux martyrs de la liberté à qui nous
» devons la vie ? »

Vous avez entendu , citoyens représentans...
prononcez. Et si la moralité est quelque chose
en France , vous n'hésiterez point entre une
adoption morale et une adoption purement honorifique. Ma demande est donc :

1°. Un décret qui fixe l'attribution et la nature des droits de paternité sur les enfans adoptifs
du peuple Français.

2°. Que l'autorité, à laquelle ces droits seront attribués , prenne connaissance des faits qui prouvent la séduction dans l'*espèce soumise*.

Tel est, citoyens, le devoir strict du père adoptif. Vous êtes ses représentans, vous prenez, à ce titre, la place du père naturel. Qu'eût-il fait ? Qu'eût fait contre la séduction, pour le bonheur de sa fille, un père tendre, Michel Lepeletier ? Quant à moi, j'aurai rempli les devoirs que m'imposaient et la parenté et la mémoire d'un frère et d'un ami ; j'aurai, autant qu'il est en moi, suppléé à son absence. Si jamais j'étais inculpé pour avoir oublié ce que je regarde comme une obligation, je dévoilerais avec courage et calme au yeux du public le tableau de ma conduite dans cette affaire , et celui de la hideuse trame qui précipite dans un long malheur la fille du premier martyr de la liberté.

Troisième Mémoire à la Commission.

Coup-d'œil rapide et impartial sur l'Affaire de la citoyenne Lepeletier.

C'EST l'intrigue , la subornation et la séduction qui ont amené la mineure Lepeletier à vouloir donner sa main à un étranger........ *Fait prouvé.*

Elle ne peut y parvenir contre le vœu de toute sa famille, que par la loi très-défectueuse et immorale du 7 septembre, 1793; c'est cette loi qu'on lui fait invoquer...*Complément de l'intrigue.*

Quelle fut l'origine de cette horrible trame? Le procès fait à son tuteur par le gouvernement induit en erreur.

Est-il un moyen d'empêcher cette jeune fille intéressante d'être la victime d'une intrigue qui la domine et l'aveugle? Il y en a deux.

1°. Donner au gouvernement le droit de père par une loi sur l'adoption, et qu'alors il se hâte de chasser la femme auteur de cette intrigue, et nomme près la jeune personne une institutrice surveillante et irréprochable.

2°. Ajouter à la loi du 7 septembre 1793 le cas de séduction, comme motif suffisant à l'autorité civile pour refuser l'union d'une mineure avec celui qui a été assez bas pour employer ce moyen infâme.

Le directoire et le corps législatif réunissent-ils tous les pouvoirs? oui. Doivent-ils empêcher autant qu'il est en eux les intrigans de prévaloir? doivent-ils appui aux républicains? On pense assurément que oui, que cela est dans leurs cœurs, et un de leurs continuels besoins.

Ils le doivent bien plus, quand l'absence d'un code civil vraiment moral, est un reproche que l'on aurait à leur faire, et quand cette absence est en partie la cause du mal évident dans *l'espèce* qui leur est soumise.

Si l'on répète encore qu'une autre origine du mal fut le procès fait à son tuteur par le gouvernement, ne sera-ce pas un nouveau motif pour lui de réparer?

Y a-t-il quelque vue personnelle dans le vœu des parens? Non, sans doute. Ils aspirent à voir leur jeune parente, cet enfant adoptif du peuple, délivrée par ses représentans des mains d'une intrigante qui la sacrifie, et confiée par le gouvernement aux soins et à la surveillance d'une personne qui, choisie par lui pour cet important et délicat emploi, ne voudra jamais en trahir les devoirs.

Si, au bout d'un laps de temps raisonnable, la mineure libre persiste dans son choix, alors il y aura à regretter encore de lui voir préférer un etranger à un de ses concitoyens ; mais on sera sûr au moins de la liberté de son choix. *Le contraire est prouvé jusqu'à présent.*

L'âge de la mineure peut-il faire regarder ce délai, dicté par la prudence, comme funeste à son établissement? *Elle n'a que quinze ans.*

Ne peut-on regarder cette mesure comme arbitraire ?

La révolution elle-même n'est qu'un grand arbitraire en faveur de la morale.

Est-ce pour ou contre la morale qu'il serait invoqué, s'il l'était réellement? La réponse ne serait pas douteuse.

Mais il est évident que, loin de provoquer ici l'arbitraire, on se borne à réclamer l'application des principes d'une législation saine et d'une fraternelle surveillance.

Plus les hommes cumulent de pouvoirs, plus on a le droit d'attendre d'eux pour le bien, plus on peut l'exiger, plus ils sont responsables du mal qui se fait, quand on a eu le courage de le leur dénoncer, en ne les flattant pas.

L'innocence, égarée par l'intrigue, devient une victime tôt ou tard ; et dans un seul individu même, c'est une calamité publique que l'innocence en un tel péril.

Quel sentiment m'inspire et dicta toutes mes démarches ?

Le souvenir de la promesse faite à un frère qui me recommandait sa fille.

FELIX LEPELETIER.

EXAMEN

DU RAPPORT

DE CHAZAL.

PREMIÈRE PARTIE.

De l'adoption populaire ou collective.

L'ADOPTION collective est l'acte par lequel un peuple accorde le titre de son enfant adoptif à un individu. Ce titre confère-t-il des droits, impose-t-il des devoirs réciproques? Nous croyons avoir suffisamment prouvé l'affirmative dans nos secondes réflexions adressées à la commission. Nous en ajouterons quelques-unes faciles à induire des principes reconnus dans le rapport.

.L'adoption publique et collective est consacrée en principe dans notre législation par le décret du 25 janvier 1793.—Cela est incontestable, et le rapporteur le reconnaît en termes exprès:

» Cette adoption a été, par le décret même, » pratiquée de fait en faveur de la citoyenne » Lepeletier, et répétée depuis pour les enfans » de l'infortuné Basseville. »—C'est encore les

» rapporteur qui s'exprime ainsi :—Or, quand
» une institution quelconque est *consacrée en
principe*, et *pratiquée de fait*, elle a une exis-
» tence réelle, et il est impossible qu'elle n'ait
» pas aussi des effets réels.

Mais à quelles lois doit - on subordonner ces
effets dans une république ? C'est encore le rapporteur qui, dans le passage cité, va répondre à
cette question. » Les lois d'une république,
» dit-il, sont l'équité naturelle, la raison et l'in-
» térêt social écrits. »

Voyons donc, dans l'affaire actuelle, ce qui
est le plus conforme à ces trois grandes règles de
toute bonne législation. N'hésitons pas à nous
décider d'après cet examen ; en obéissant à ce
qu'elles auront voulu, nous serons assurés d'a-
voir exécuté les lois de la république

L'état ne devrait-il à ses enfans adoptifs que
des secours pécuniaires et un vain titre honorifique ? Ne se doit-il pas plutôt à lui-même de surveiller leur moralité ? La raison, l'équité et l'intérêt social n'exigent-ils pas que ce soin ne puisse
être confié à des parens souvent ennemis des
principes populaires ?

Il serait bien étrange que l'adoption , qui,
exercée par un particulier quelconque, impose
de si grands devoirs, et confère des droits si pré-
cieux, ne fût plus qu'une simple formule, aussi

tôt que la nation croirait devoir l'exercer elle-même ; et qu'ainsi plus le *tenant-lieu* du père réunirait de puissance , de sagesse et de lumières, et plus il lui fût interdit d'en faire usage en faveur de l'enfant adoptif. Le rapporteur prétend que l'adoption collective ou publique , n'étant qu'une espèce particulière d'adoption décrétée seulement en principe, sans qu'on ait encore fait des lois particulières uniquement propres à cette espèce, on doit en conclure que ce n'est encore là qu'un principe absolument infécond , d'où l'on ne peut faire sortir et reconnaître pour existant aucun droit.

Aucun droit particulier et nouveau ? je l'accorde, bien que cela pût être contesté. Mais quant aux droits déjà reconnus et établis comme dérivants de l'adoption en général, certes ils n'ont pu périmer, et ils restent entièrement applicables à l'espèce nouvelle, jusqu'à ce que le législateur l'ait autrement réglé pour les cas qui pourront se présenter à l'avenir.

Or, quels sont les devoirs du père adoptif dans l'adoption particulière ? Certainement les soins qui portent sur la moralité n'en sauraient être exclus. L'adoption priverait, en ce cas, l'enfant de ce que lui devait son père naturel, et détériorerait son sort.

De plus, les soins sont le plus beau droit du

père. Cet enfant, soit naturel, soit acquis, doit porter votre nom. Le traînera-t-il, par votre faute, dans la fange du crime. Le peuple doit-il être plus indifférent sur la moralité de celui qui porte le beau nom de fils adoptif de la nation ? non certes ; il serait donc absurde d'exclure de l'adoption publique la surveillance, qui, seule, peut empêcher d'être avilie la juste récompense du plus vertueux héroïsme.

Rejetez donc, citoyens représentans, cette adoption purement honorifique, qui, n'exprimant rien de moral, ne pourrait que rappeler ces vains titres proscrits par la révolution.

Craindrez-vous d'aggrandir l'empire de la vertu ? Jetez les yeux sur le tableau que vous offre l'adoption publique, avec la surveillance morale. Ce père vole avec plus d'ardeur au poste où la mort l'attend ; ses enfans n'ont plus besoin de lui ; le peuple le remplacera dans tous les devoirs de la paternité. Ce jeune homme, fils de héros, n'a de mère que sa patrie ; et qu'est-ce que la vie, en opposition à la piété filiale ? Voyez la terre de la liberté devenue féconde en prodiges ; les Scévola, perçant le sein des Porsenna ; les Décius, se précipitant dans les rangs ennemis (2) ; les Cassius, poignardant les

---

(1) Et non pas dans un *gouffre*. Voyez le rapport, pag. 6.

César sur le premier échelon du trône. Voyez des races de héros, et ne craignez plus que les enfans des Brutus deviennent les complices des Tarquins.

Envain objecterait-on qu'une grande assemblée, encore moins le peuple, ne peut surveiller une éducation particulière. Il est aisé de répondre : La nation délègue l'exercice de ses droits de souveraineté à ses représentans ; ceux-ci peuvent le subdéléguer. Cette surveillance tient à l'éducation publique.

Reste à examiner si elle doit s'étendre sur le mariage des mineurs. Mais cela ne peut devenir le sujet d'un doute, puisque la destinée de la vie entière semble liée à cet acte. N'appréhendez donc pas de suppléer encore à la tendre sollicitude du père naturel. Votre enfant adoptif a-t-il plus d'expérience ? Dans la faiblesse de son âge, ne pourra-t-il pas former une chaîne de malheur, au lieu d'un lien de félicité ?

Telles sont les réflexions que l'on peut opposer à un rapport qui vous a été présenté par votre commission. Passons au fait particulier.

SECONDE PARTIE.

Affaire particulière, Question, solution.

APRÈS avoir, dans la première partie de son travail, atténué par tous les moyens possibles, les salutaires effets de l'adoption publique, le rapporteur, dans la seconde, tombe dans les plus étranges erreurs, et semble ne plus faire autre chose que plaider en faveur des prétentions de la famille de Witt. Vous avez entendu ce qu'il en a dit, vous l'avez imprimé sous vos yeux ; nous allons opposer aux contes fabuleux, avec lesquels on a surpris sa religion (1), la vérité, la vérité toute entière et irrécusable.

Les de Witt qui jouent dans l'affaire qui vous est soumise un rôle bien indigne, ne sont pas, comme on vous l'a dit, issus du célèbre *Grand*

______

(1) Le citoyen Chazal nous a accusés d'avoir dit dans une letre au conseil, qu'il avait *tronqué* les faits, qu'il en avait émis de *faux*. Le commencement de notre lettre p ouve que nous attribuons cela, non à un dessein formel de sa part, mais à l'intrigue qui l'a abusé. Quant aux faits essentiels oubliés, cela va se prouver ; et il verra que l'espèce de menace qu'il a faite du haut de la tribune nationale, nous a obligés à employer une manière de le combattre qui, par son caractère, un peu dur peut-être, peut le mettre à cet égard tout à son aise pour nous confondre, ainsi qu'il l'annonce.

Pensionnaire

Pensionnaire de Witt. *Il est connu de tout le monde en Hollande* que la vraie famille de Witt se réfugia dans la Belgique , où la dernière descendante est décédée il y a sept ans. On a fait il y a sept ans, à Bruxelles, la vente publique de tous les manuscrits des deux frères égorgés , et nommément du Grand Pensionnaire , dont le citoyen de Witt d'Amsterdam n'a jamais hérité.

Dans le cas contraire , il était même plaisant de vous montrer le Grand Pensionnaire comme un martyr de la liberté , de le placer en parallèle avec Michel Lepeletier. Le Grand Pensionnaire de Witt, quoique anti-sthatoudérien, n'a jamais été regardé que comme le fondateur de l'oligarchie patricienne en Hollande. C'est la seule qualité qui puisse lui être commune avec ceux dont il est question en ce jour. Le père fut membre , avant 1787, de la régence aristocratique à Amsterdam. Il fut membre de la commission aristocratique de la Hollande ; laquelle commission opprima tous les vrais républicains , et s'enfuit lâchement à l'approche des Prussiens. Cette commission s'attira , par là , l'éxécration de tous les patriotes restés fidelles à la cause de la liberté.

Il vint en France en 1788 , où il a toujours méprisé et négligé ses compatriotes moins fortunés que lui. Il devint agioteur de biens nationaux , fit d'abord une bonne opération en acquérant le château de l'évêque d'Evreux , se blousa ensuite dans ses spéculations au point qu'il est en *banqueroute ouverte aujourd'hui*. Les maisons, Mallet, Asvedo, Imbert et Mourn, sont, dit-on, ses victimes et ses dupes. Il est certain au moins que ses créanciers ne pourraient pas même être payés aujourd'hui, à cinquante pour cent de perte , avec ce qui lui reste. Il s'est dit seul possesseur du domaine de la Fitte , et il n'en est acquéreur que pour un cinquième. Ruiné aujourd'hui , il achève de perdre ce qui lui reste , pour faire réussir le mariage de son fils avec notre nièce , dont la fortune doit servir à relever la sienne.

Il fut nommé *commissaire* à Bâle, chose qu'il sollicita avec un desir violent ; il espérait devenir, par là, ambassadeur à Paris. Il se lia avec Barthelemi et toute la faction vaincue le 18 fructidor, dont il partageait l'espoir et les opinions , avec une insolence qui ne peut se comparer qu'à la bassesse et à la promptitude avec laquelle il revira de bord après cette journée célèbre. Son fils, celui qu'il veut faire épouser à notre nièce , portait alors , avec jactance , toutes les livrées de la chouannerie, les collets verds et noirs, les oreilles de chien , les *vive le roi* , etc.

Tous les faits que nous venons de citer seraient attestés par tous les Hollandais vraiment républicains. Il ne se peut pas même que le citoyen Mayer, ambassadeur batave, n'en soit point instruit ; on pourrait invoquer son témoignage.

Maintenant, législateurs, il vous suffira de lire tous les faits consignés dans la pétition présentée au directoire par l'un de nous (Amédée) ; et ce que nous y avons ajouté dans les mémoires remis à la commission, pour être étrangement surpris de la partialité du rapporteur, de la légèreté avec laquelle il passe sous silence *les faits les plus positifs sur la séduction* : faits que nous avons offert de prouver par TÉMOINS NOMBREUX ; *faits pour lesquels nous avons demandé une loi qui nous autorisât à traduire la coupable devant les tribunaux, ou tout au moins, une addition a l'*INCOMPLETTE *loi du 7 septembre* 1793.

Il faut cependant anéantir, par les armes de la vérité, quelques allégations d'une dangereuse conséquence, offertes par le rapporteur, induit en erreur sans doute par l'intrigue.

Il fait dire à la mineure Lepeletier que son père, dans les jeux de son enfance, la réunissait à de Witt. (I. F.) Certes, notre nièce sait trop bien le peu de liaisons qui existait entre de Witt, le père, et notre frère, (liaisons qui finirent même à l'époque de 89), pour tenir un pareil langage. Ce fut Felix qui, sur les instances réitérées de de Witt le père, présenta notre nièce à sa femme, six mois après la mort de Michel.

Au mois de frimaire an V, notre nièce, loin de ressentir cette sympathie d'humeurs, de caractère, de sentimens pour de Witt (I. F.) dont parle le rapport, eut le courage de dénoncer à son oncle Felix, et devant sa gouvernante, la conduite atroce de celle-ci qui l'obsédait, à cette époque, pour voir le batave, se trouver avec lui chez la sœur de cette femme, et lui marquer quelque affection. Mais nous reviendrons sur ce fait majeur.

Passons à un autre. La citoyenne Lepeletier, dit le rapporteur, *après avoir épuisé toutes les voies de conciliation, d'eclaircissemens, de décence et d'honnêteté,* a eu recours à la loi du 7 septembre 1793. Voici la vérité : La mineure Lepeletier une fois enlevée à son domicile et cloîtrée dans la maison de Chaillot sous un guichet et une double porte dont la garde fut confiée à un particulier dévoué aux Hollandais, ne vit plus aucun de ses parens, soit paternels, soit maternels, pas même son grand-père âgé de quatre-vingt-cinq ans ; lorsqu'on l'eut amenée à consentir à l'hymen du jeune de Witt, elle fut seulement une fois à la campagne de son grand-père, le lui demander en mariage. Son grand - père lui ayant refusé son consentement, elle le fit assigner quelques jours après, ainsi que *trois* autres parens (mode de la loi du 7 septembre 93), pour délibérer sur son mariage avec le jeune de Witt. Voilà *toutes les voies de conciliation, d'éclaircissemens, de décence et d'honnêteté*, que la femme qui la tyrannise a laissé remplir à notre jeune nièce, malgré que son grand-père, sa famille réunie chez le juge de paix, l'eussent engagée à les venir trouver, le premier chez lui, tous ensemble devant le ministère public, conciliateur, et spécialement défenseur et soutien des mineurs et des orphelins.

Nous devons encore relever ici une erreur du rapport : on nous y fait dire que la famille de S. Lepeletier, excepté nous, n'a d'autres motifs de refuser son consentement à l'union, que le calvinisme professé par la famille de de Witt; nous pensons qu'effectivement cela en est un; mais nous n'avons jamais dit qu'il fût *le seul*. La conduite des de Witt, père et fils, leur a aliéné tous les suffrages. On n'accorde pas à la bassesse, à l'intrigue, à la séduction, à la *vileté*; on ne leur cède point non plus.

Mais ce n'est pas tout encore, la famille de notre nièce la chérit, et ne devait pas consentir , par cette raisou , à sa déportation en pays étranger.

On fait un crime, dans le rapport, aux parens de la mineure Lepeletier d'avoir cherché à faire rapporter la loi du 7 septembre 1793, *cercle étroit dans lequel la loi invoquée par la mineure , allait les forcer de délibérer.* On fait plus, on compose de leurs démarches à cet égard une intrigue dont on les fait les vils agens. Cette intrigue prend un aspect plus bas encore , par l'esprit de la loi qu'on décrète en remplacement de celle du 7 septembre. Ici , législateurs, voici les sentimens tout entiers de deux frères de Michel Lepeletier.

La loi du 20 septembre 1792 , qui livrait les mariages des mineurs à la volonté immotivée , à la discrétion absolue et toute puissante de leurs cinq plus proches parens, de leurs cinq héritiers présomptifs , cette loi est une loi IMMORALE : elle ne peut , sans honte pour la nation , être classée dans un code promis à la raison , à la philosophie. Mais celle du 7 septembre 1793 , *qui permet aux mineurs, ceux-là même contre lesquels la séduction doit s'ourdir principalement et spécialement , de contracter mariage malgré le vœu de toute leur famille , et dès l'âge de quatorze ans, hors les deux seuls cas , le désordre des mœurs et la non réhabilitation après un jugement emportant peine d'infamie*, cette autre loi, dirons-nous, est aussi IMMORALE ; et peut-être pourrait-on s'étonner à son tour, que, renvoyée à l'examen d'une nouvelle commission, depuis si long-temps, elle n'ait pas été anéantie par une loi sage et morale, qui retranchât des lois du 20 septembre 1792, et du 7 septembre 1793, ce que toutes deux ont d'attentatoire à la nature, à la saine philosophie, et à l'ordre social.

Mais voici bien un autre crime, et ici vous ne nous prendrez pas sans doute, législateurs, pour les partisans du ministre qui persécuta les patriotes, qui, avec Cochon, fit traduire Felix à la Haute-Cour, le fit porter sur la liste des émigrés : l'on ne nous prendra pas pour des hommes en crédit près lui ; et cependant lisez le rapport, vous trouverez cela ; vous trouverez, après une sortie terrible contre l'homme vaincu dans le combat, et pour le bonheur de la République hors d'un ministère éminent ; sortie que l'on ne fesait pas contre lui, quand il était en pouvoir et qu'il trahissait la patrie ; vous trouverez, disons-nous, ces propres mots : *on ne sait contre qui s'indigner le plus : du ministre audacieux qui signa* (ce que le rapporteur appelle *des lettres-de-cachet*), *des lâches magistrats qui y ont obtempérés, ou des intéressés qui les sollicitèrent.*

Mais si l'autorité suprême qui fit justice, en Benezech, de l'ami du tyran de Blankenbourg, qui foudroya les traîtres dans l'immortelle journée du 18 fructidor, a pensé elle-même que la question du mariage de la fille adoptive du peuple Français, avec un étranger, contre le vœu de sa famille, et lorsque cette famille à qui on a enlevé *le véritable enfant de leurs âmes*, réclamait près d'elle, pouvait tellement mériter sa haute surveillance, qu'elle provoqua, à cet égard, le législateur national; pourquoi cet emportement seulement contre le fonctionnaire, désormais sans pouvoir, qui fit alors un acte de civisme, et contre des parens, dont le seul crime serait le trop d'amour, si aimer, à tant de titres, pouvait-être forfaire ? Là, nous voyons, faut-il oser le dire, *politique, défaut de courage, et abnégation de justice naturelle*. Là, on ménage le Directoire qui, par son message même, justifie l'acte ministériel ; mais on condamne avec beaucoup d'amertume le ministre, les municipaux, la famille. On a l'air de dire au Directoire : je vous pardonne d'avoir suscité Benezech, d'avoir fait même un message aux cinq cents, sur la question qui, dans le temps, avait provoqué la suspension de Benezech, enfin les prétendues lettres-de-cachet ; mais ne vous fachez pas de l'ordre du jour que je demande sur votre message; et en effet on propose l'ordre du jour sur cette question soumise par le Directoire : quels droits le gouvernement peut-il exercer en vertu du décret du 25 janvier 93 qui a adopté la citoyenne Lepeletier ? on reconnaît bien la sainteté du principe décrété ; et on demande l'ordre du jour. Eh! quoi! » La nation a adopté, au nom » de tous, la fille de celui qui mourut pour » tous, » et quand on lui propose d'arracher à la plus funeste des séductions cette fille encore mineure, que des conseils pervers et de criminelles obsessions précipitent à sa perte, la mère adoptive *passerait* froidement *à l'ordre du jour* sur le plus sacré de ses devoirs ! Et quand on lui observerait que l'*équité naturelle*, *la raison et l'intérêt social*, ne permettent pas qu'une fortune immense devienne la proie de l'étranger avide, ni que cette intéressante mineure, confiante comme on l'est à son âge, soit livrée, dans l'acte le plus important de la vie, à la faiblesse de sa raison, aux inévitables erreurs de l'inexpérience, à toutes les illusions d'un premier goût, et à l'influence d'une institutrice corrompue, ni que la fille de celui qui mourut pour tous devienne étrangère à tous par un mariage qui l'expatrie et la dénationalise, la mère adoptive *passerait* tranquillement *à l'ordre du jour* sur tant d'iniquités, de scandales et de malheurs, qu'il lui est facile de prévenir, et qu'il est de son devoir d'empêcher ! Non, sans doute, législateurs, cette funeste pensée ne s'accomplira pas.

Mais nous avons parlé de la séduction de la citoyenne Halm, placée près de notre nièce, et auteur de toute cette intrigue ; nous en avons donné grand nombre de preuves dans la pétition présentée au Directoire, et imprimée ici ; mais nous devons ajouter quelques autres semblables et plus horribles traits.

Lorsque notre nièce eut dénoncé à Felix les persécutions et les séductions de la femme Halm, celle-ci ne lui laissa plus voir son oncle Amédée, jusqu'à ce qu'elle eut cédé à ses vues de mariage avec de Witt. On sait qu'à cette époque, celle du procès de Vendôme, Felix était obligé de se tenir très-caché. Notre jeune nièce fut *battue*, *maltraitée* par la femme Halm pendant six semaines, époque où elle consentit enfin à voir le jeune de Witt, et à lui donner des espérances. La jeune Lepeletier, passa alors de l'amitié la plus tendre qu'elle avait pour ses deux oncles Felix et Amédée, à l'éloignement le plus marqué. Comment expliquer ces faits (qui peuvent être attestés par plus de vingt témoins), autrement que par la scélératesse du monstre qui a fait tout le mal. C'est alors que, concevant une ingratitude plus directe envers Felix, qui l'avait tirée de la misère, elle et son mari, cette femme joignit ses propres poursuites à celles de l'infâme Cochon, pour le faire arrêter. De Witt, le fils, servait *d'espion* pour suivre Amédée, et découvrir le lieu de la retraite de Felix. Amédée reprocha un jour, en pleines Tuileries, au jeune de Witt, ce comble de la bassesse. Il le traita de lâche ; et en effet, le père et le fils le sont. Ils savent manquer à tous les sentimens de l'honneur, corrompre une institutrice, la nièce de l'homme qui la leur présenta ; mais donner satisfaction de ces outrages impardonnables ! non ; et en effet, la bassesse connaît-elle le courage ?

La femme Halm fut plus loin ; les meubles de Felix avaient été enlevés de chez lui avant l'apposition des scellés, et déposés chez sa nièce. La femme Halm fit dire à Amédée de les enlever dans la journée, ou qu'elle les ferait mettre à la porte dans la rue. Avant que notre nièce eut dénoncé à Felix les intrigues de sa gouvernante, celle - ci , en qui Felix avait encore toute confiance, qu'il avait chargé de recevoir ses lettres et de les lui faire passer dans sa retraite, les décachetait et les jettait au feu , pour que rien ne transpirât, à cette époque, de son intrigue ; elle est convenue elle-même de ce fait devant Felix. Elle chercha de plus à nous brouiller, ensemble Felix et Amédée, nous qui n'avons jamais eu qu'un cœur et qu'une opinion. Voilà la femme, voilà le monstre............ S'il fallait tout vous dire ici, représentans, on lasserait votre patience....Les faits crient vengeance.

Donnez-nous les moyens de poursuivre l'infâme devant les tribunaux. Là, sa *hideur* pourra s'accroître de nouveaux forfaits, de nouvelles ingratitudes.... Mais là aussi une infamie légale l'attend, sans qu'elle puisse s'y soustraire.

Ou plutôt renvoyez au directoire toute cette affaire. C'est lui qui nomme et destitue les professeurs et instituteurs de l'école de Liancourt où sont placés d'autres enfans adoptifs de la patrie ; ceux-là ont besoin de secours pécuniaires, mais la nation, le directoire, au nom de la République, surveillent aussi la partie morale de leur éducation. Tous deux ne peuvent-ils exercer la même et salutaire influence sur l'enfant adopté, que sa fortune dispense de secours? Mais cela n'a pas eu lieu jusqu'à présent, dit le rapporteur. Serait-ce une raison pour que cela ne commença pas, si cela est bon et salutaire ? et le rapporteur se trompe même dans son opinion à cet égard.

La municipalité de Saint-Fargeau ayant arbitrairement désarmé la fille de Michel Lepeletier, en 1793, la Convention, sur la dénonciation de la société populaire du lieu, prit fait et cause pour la fille adoptive du peuple Français, et ordonna, par un décret du 4 mai de la même année, que les armes seraient rendues à ses agens. Cela peut être regardé comme un acte de protection paternelle, et l'était en effet.

Finissons par ce trait du rapport, trait dont les couleurs sont en quelque sorte noircies encore plus par le caractère *italique* que le rapporteur a employé dans l'impression, pour le faire remarquer, en ayant toutefois l'air de n'y pas croire. Il s'agit de l'accusation de RIVALITÉ dirigée contre Felix : Là, on enfonce habilement le poignard par derriere ; là est un outrage pour Felix ; mais ici sera la vengeance.... ; elle est dans le silence que je veux garder sur vous, Chazal......, et ici c'est Felix seul qui tient la plume..... Quand il serait vrai que Felix eût pu avoir quelque idée d'unir son sort à celui de notre nièce, pourrait-on aujourd'hui lui supposer sans impudeur, un semblable projet ? Peut-on imaginer d'épouser une jeune personne malgré son vœu ; et cette malheureuse affaire n'a-t-elle pas mis entre Felix et la fille de Michel Lepeletier, une barrière indépassable ? Il faudrait avoir bien peu de délicatesse, il faudrait avoir de l'or une soif inextinguible, faire abstraction de tous sentimens et de toutes vertus ; être un J. F. de Witt enfin, pour s'arrêter un seul moment à cette ideé.

Nous nous tairons sur des bruits calomnieux, semés par l'impudeur et l'intrigue qui veulent réussir. Fille de Lepeletier, s'il était vrai que le crime et la bassesse t'aient égarées au point où l'atrocité se plaît à le répandre, n'importe, là ne serait pas encore la nécessité de lier ton sort à l'homme bas et vil qui t'a marchandée, dans les bras duquel on t'aurait livrée pieds et poings liés. Le toit *avonculaire* te recevrait encore. Tu trouveras toujours là amitié, indulgence, et les consolations de la saine philosophie.

Représentans du peuple, si, de l'aveu même du rapporteur, « la société doit remplacer le » père qu'on a perdu pour la société ; si la na- » tion doit remplir envers les enfans de ses mar- » tyrs, les obligations du père qui vivrait sans » elle, et qu'ils n'ont perdu que pour elle ; » et si, en effet, la nation a adopté la fille de Michel Lepeletier , il suit donc que, de l'aveu même du rapporteur, la nation occupe la place et est aux droits du père , relativement à cette orpheline.

Si , aujourd'hui seulement, nous semblons vous la donner, la donner au peuple plus par- ticulièrement encore que le jour où Felix pro-

voqua l'adoption nationale , et aliéner, en quelque sorte , nos droits d'amour et de paternité sur
elle , nous devons imiter la bonne , la véritable
mère qui , placée entre la crainte de perdre son
fils ou de le voir vivre dans la maison d'une
autre , aima mieux la vie de son fils que son
propre triomphe. Vous , législateurs , imitez le
sage qui sut distinguer , reconnaître le vrai cri
de la nature ; et prononcez en sa faveur.

Acceptez , ou déléguez au directoire les fonctions sacrées de père naturel , dans l'adoption
publique. Que l'adoptiou s'embellisse par cette
loi , et que la fille de Michel Lepeletier , cause
heureuse et première de la loi de l'adoption
publique , en éprouve encore , en ce moment ,
le salutaire complément.

Chassez d'auprès d'elle la femme qui l'égare
et la tyrannise , sous laquelle elle *s'obstinera* à
plier jusqu'à ce qu'elle soit sûre enfin de ne
plus retourner sous sa domination.

Placez près d'elle une républicaine estimable
et digne de remplacer la patrie dans ses vœux
et dans sa surveillance.

Déclarez que la jeune Lepeletier n'épousera
pas un étranger, un intrigant, le fils d'un ban-
queroutier ; mais appelez à recevoir sa main,
dans un an , deux ans , l'un de ces jeunes républicains qui se dévouèrent pour la liberté, aux

armées, ou dans le *forum ;* alors on nous verra aller nous-mêmes unir leurs destinées et serrer des liens de l'amitié, les guirlandes de l'amour.

Signé, Felix Lepeletier , Am. Lepeletier.

De l'Imprimerie de la rue Cassette , n°. 913.

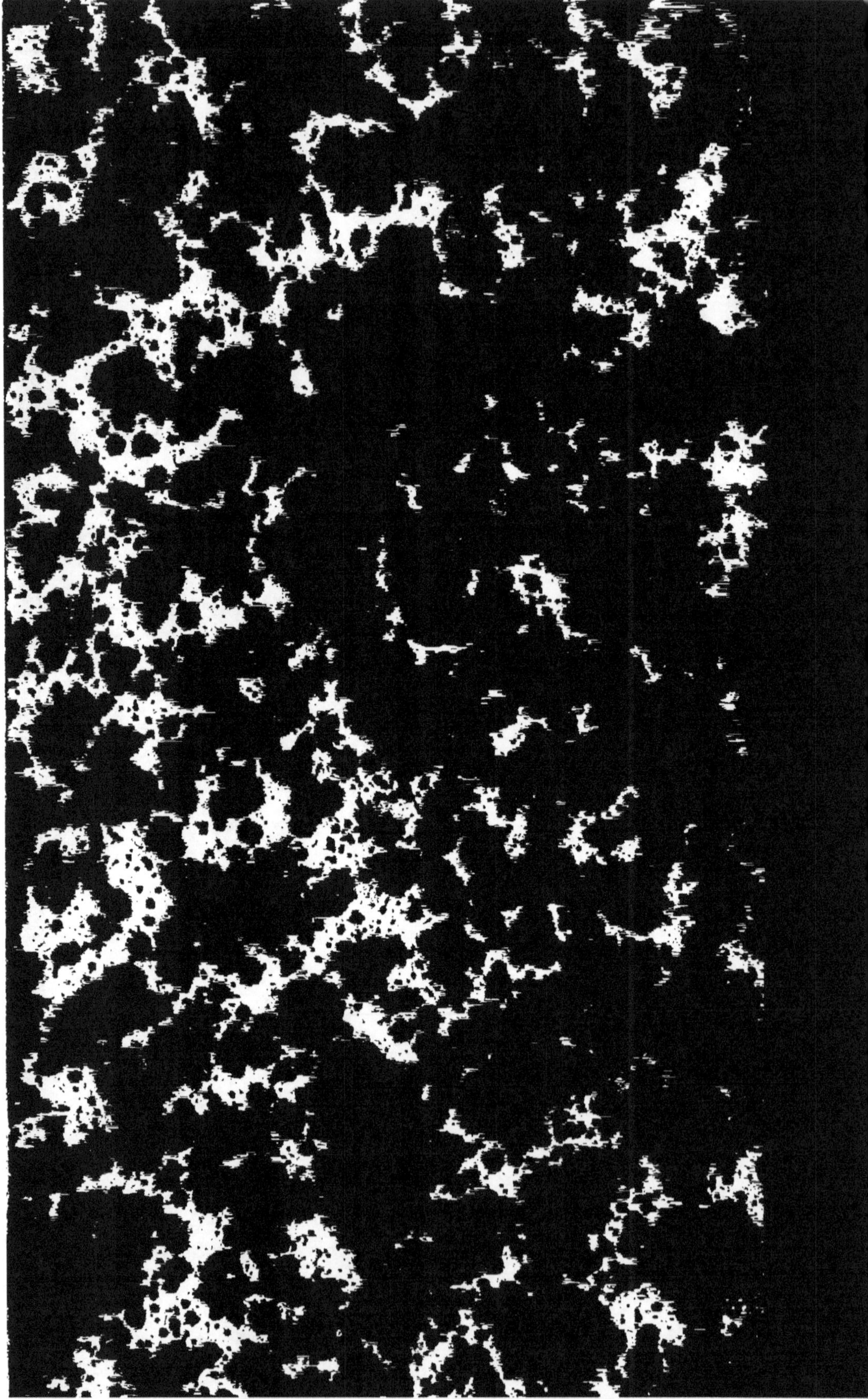